全国人民代表大会常务委员会公报版

中华人民共和国
青藏高原生态保护法

中国民主法制出版社

图书在版编目（CIP）数据

中华人民共和国青藏高原生态保护法／全国人大常委会办公厅供稿．—北京：中国民主法制出版社，2023.3

ISBN 978-7-5162-2662-9

Ⅰ.①中…　Ⅱ.①全…　Ⅲ.①青藏高原—生态环境保护—环境保护法—中国　Ⅳ.①D922.68

中国国家版本馆CIP数据核字（2023）第043359号

书名/中华人民共和国青藏高原生态保护法

出版·发行/中国民主法制出版社
地址/北京市丰台区右安门外玉林里7号（100069）
电话/（010）63055259（总编室）　63058068　63057714（营销中心）
传真/（010）63055259
http://www.npcpub.com
E-mail:mzfz@npcpub.com
经销/新华书店
开本/32开　850毫米×1168毫米
印张/1.5　**字数**/25千字
版本/2023年5月第1版　2023年5月第1次印刷
印刷/三河市宏图印务有限公司

书号/ISBN 978-7-5162-2662-9
定价/8.00元

目　录

中华人民共和国主席令

第五号

《中华人民共和国青藏高原生态保护法》已由中华人民共和国第十四届全国人民代表大会常务委员会第二次会议于2023年4月26日通过，现予公布，自2023年9月1日起施行。

中华人民共和国主席　习近平

2023年4月26日

中华人民共和国
青藏高原生态保护法

（2023 年 4 月 26 日第十四届全国人民代表大会常务委员会第二次会议通过）

目　　录

第一章　总　　则

第一条　为了加强青藏高原生态保护，防控生态风险，保障生态安全，建设国家生态文明高地，促进经济社会可持续发展，实现人与自然和谐共生，制定本法。

第二条　从事或者涉及青藏高原生态保护相关活动，适用本法；本法未作规定的，适用其他有关法律的规定。

本法所称青藏高原，是指西藏自治区、青海省的全部行政区域和新疆维吾尔自治区、四川省、甘肃省、云南省的相关县级行政区域。

第三条　青藏高原生态保护应当尊重自然、顺应自然、保护自然；坚持生态保护第一，自然恢复为主，守住自然生态安全边界；坚持统筹协调、分类施策、科学防控、系统治理。

第四条　国家建立青藏高原生态保护协调机制，统筹指导、综合协调青藏高原生态保护工作，审议青藏高原生态保护重大政策、重大规划、重大项目，协调跨地区跨部门重大问题，督促检查相关重要工作的落实情况。

国务院有关部门按照职责分工，负责青藏高原生态保护相关工作。

第五条　青藏高原地方各级人民政府应当落实本行政区域的生态保护修复、生态风险防控、优化产业结构和布局、维护青藏高原生态安全等责任。

青藏高原相关地方根据需要在地方性法规和地方政府规章制定、规划编制、监督执法等方面加强协作，协同推进青藏高原生态保护。

第六条　国务院和青藏高原县级以上地方人民政府应当将青藏高原生态保护工作纳入国民经济和社会发展规划。

国务院有关部门按照职责分工，组织编制青藏高原生态保护修复等相关专项规划，组织实施重大生态修复等工程，统筹推进青藏高原生态保护修复等工作。青藏高原县级以上地方人民政府按照国家有关规定，在本行政区域组织实施青藏高原生态保护修复等相关专项规划。编制青藏高原生态保护修复等相关专项规划，应当进行科学论证评估。

第七条　国家加强青藏高原土地、森林、草原、河流、湖泊、湿地、冰川、荒漠、野生动植物等自然资源状况和生态环境状况调查，开展区域资源环境承载能力和国土空间开发适宜性评价，健全青藏高原生态环境、自然资源、生物多样性、水文、气象、地质、水土保持、自然灾害等监测网络体系，推进综合监测、协同监测和常态化监测。调查、评价和监测信息应当按照国家有关规定共享。

第八条　国家鼓励和支持开展青藏高原科学考察与研究，加强青藏高原气候变化、生物多样性、生态保护修复、水文水资源、雪山冰川冻土、水土保持、荒漠化防治、河湖演变、地质环境、自然灾害监测预警与防治、能源和气候资源开发利用与保护、生态系统碳汇等领域的重大科技问题研究和重大科技基础设施建设，推动长期研究工作，掌握青藏高原生态本底及其变化。

国家统筹布局青藏高原生态保护科技创新平台，加大科技专业人才培养力度，充分运用青藏高原科学考察与研究成果，推广应用先进适用技术，促进科技成果转化，发挥科技在青藏高原生态保护中的支撑作用。

第九条 国务院有关部门和地方各级人民政府应当采取有效措施，保护青藏高原传统生态文化遗产，弘扬青藏高原优秀生态文化。

国务院有关部门和地方各级人民政府应当加强青藏高原生态保护宣传教育和科学普及，传播生态文明理念，倡导绿色低碳生活方式，提高全民生态文明素养，鼓励和支持单位和个人参与青藏高原生态保护相关活动。

新闻媒体应当采取多种形式开展青藏高原生态保护宣传报道，并依法对违法行为进行舆论监督。

第十条 对在青藏高原生态保护工作中做出突出贡献的单位和个人，按照国家有关规定予以表彰和奖励。

第二章 生态安全布局

第十一条 国家统筹青藏高原生态安全布局，推进山水林田湖草沙冰综合治理、系统治理、源头治理，实施重要生态系统保护修复重大工程，优化以水源涵养、生物多样性保护、水土保持、防风固沙、生态系统碳汇等为主要生态功能的青藏高原生态安全屏障体系，提升生态系统质量和多样性、稳定性、持续性，增强生态产品供给能力和生态系统服务功能，建设国家生态安全屏障战略地。

第十二条　青藏高原县级以上地方人民政府组织编制本行政区域的国土空间规划，应当落实国家对青藏高原国土空间开发保护的有关要求，细化安排农业、生态、城镇等功能空间，统筹划定耕地和永久基本农田、生态保护红线、城镇开发边界。涉及青藏高原国土空间利用的专项规划应当与国土空间规划相衔接。

第十三条　青藏高原国土空间开发利用活动应当符合国土空间用途管制要求。青藏高原生态空间内的用途转换，应当有利于增强森林、草原、河流、湖泊、湿地、冰川、荒漠等生态系统的生态功能。

青藏高原省级人民政府应当加强对生态保护红线内人类活动的监督管理，定期评估生态保护成效。

第十四条　青藏高原省级人民政府根据本行政区域的生态环境和资源利用状况，按照生态保护红线、环境质量底线、资源利用上线的要求，从严制定生态环境分区管控方案和生态环境准入清单，报国务院生态环境主管部门备案后实施。生态环境分区管控方案和生态环境准入清单应当与国土空间规划相衔接。

第十五条　国家加强对青藏高原森林、高寒草甸、草原、河流、湖泊、湿地、雪山冰川、高原冻土、荒漠、泉域等生态系统的保护，巩固提升三江源（长江、黄河、澜沧江发源地）草原草甸湿地生态功能区、若尔盖草原湿地生态功能区、甘南黄河重要水源补给生态功能区、祁连山冰川与水源涵养生态功能区、阿尔金草原荒漠化防治生态功能区、川滇森林及生物多样性生态功能区、藏东南高原边缘森林生态功能区、藏西北羌塘高原荒漠生态功能区、珠穆朗玛峰生物多样性保护与水源涵养生态功能区等国家重点生态功能区的水源涵养、生物多样性保护、水土保持、防风固沙等生态功能。

第十六条　国家支持青藏高原自然保护地体系建设。国务院和青藏高原省级人民政府在青藏高原重要典型生态系统的完整分布区、生态环境敏感区以及珍贵濒危或者特有野生动植物天然集中分布区和重要栖息地、重要自然遗迹、重要自然景观分布区等区域，依法设立国家公园、自然保护区、自然公园等自然保护地，推进三江源、祁连山、羌塘、珠穆朗玛峰、高黎贡山、贡嘎山等自然保护地建设，保持重要自然生态系统原真性和完整性。

第十七条　青藏高原产业结构和布局应当与青藏高原生态系统和资源环境承载能力相适应。国务院有关部门和青藏高原县级以上地方人民政府应当按照国土空间规划要求，调整产业结构，优化生产力布局，优先发展资源节约型、环境友好型产业，适度发展生态旅游、特色文化、特色农牧业、民族特色手工业等区域特色生态产业，建立健全绿色、低碳、循环经济体系。

在青藏高原新建、扩建产业项目应当符合区域主体功能定位和国家产业政策要求，严格执行自然资源开发、产业准入及退出规定。

第三章　生态保护修复

第十八条　国家加强青藏高原生态保护修复，坚持山水林田湖草沙冰一体化保护修复，实行自然恢复为主、自然恢复与人工修复相结合的系统治理。

第十九条　国务院有关部门和有关地方人民政府加强三江源地区的生态保护修复工作，对依法设立的国家公园进行系统保护和分区分类管理，科学采取禁牧封育等措施，加大退化草原、退化湿地、沙化土地治理和水土流失防治的力度，综合整治重度退化土地；严格禁止破坏生态功能或者不符合差别化管控要求的各类资源开发利用活动。

第二十条　国务院有关部门和青藏高原县级以上地方人民政府应当建立健全青藏高原雪山冰川冻土保护制度，加强对雪山冰川冻土的监测预警和系统保护。

青藏高原省级人民政府应当将大型冰帽冰川、小规模冰川群等划入生态保护红线，对重要雪山冰川实施封禁保护，采取有效措施，严格控制人为扰动。

青藏高原省级人民政府应当划定冻土区保护范围，加强对多年冻土区和中深季节冻土区的保护，严格控制多年冻土区资源开发，严格审批多年冻土区城镇规划和交通、管线、输变电等重大工程项目。

青藏高原省级人民政府应当开展雪山冰川冻土与周边生态系统的协同保护，维持有利于雪山冰川冻土保护的自然生态环境。

第二十一条 国务院有关部门和青藏高原地方各级人民政府建立健全青藏高原江河、湖泊管理和保护制度，完善河湖长制，加大对长江、黄河、澜沧江、雅鲁藏布江、怒江等重点河流和青海湖、扎陵湖、鄂陵湖、色林错、纳木错、羊卓雍错、玛旁雍错等重点湖泊的保护力度。

青藏高原河道、湖泊管理范围由有关县级以上地方人民政府依法科学划定并公布。禁止违法利用、占用青藏高原河道、湖泊水域和岸线。

第二十二条 青藏高原水资源开发利用，应当符合流域综合规划，坚持科学开发、合理利用，统筹各类用水需求，兼顾上下游、干支流、左右岸利益，充分发挥水资源的综合效益，保障用水安全和生态安全。

第二十三条 国家严格保护青藏高原大江大河源头等重要生态区位的天然草原，依法将维护国家生态安全、保障草原畜牧业健康发展发挥最基本、最重要作用的草原划为基本草原。青藏高原县级以上地方人民政府应当加强青藏高原草原保护，对基本草原实施更加严格的保护和管理，确保面积不减少、质量不下降、用途不改变。

国家加强青藏高原高寒草甸、草原生态保护修复。青藏高原县级以上地方人民政府应当优化草原围栏建设，采取有效措施保护草原原生植被，科学推进退化草原生态修复工作，实施黑土滩等退化草原综合治理。

第二十四条　青藏高原县级以上地方人民政府及其有关部门应当统筹协调草原生态保护和畜牧业发展，结合当地实际情况，定期核定草原载畜量，落实草畜平衡，科学划定禁牧区，防止超载过牧。对严重退化、沙化、盐碱化、石漠化的草原和生态脆弱区的草原，实行禁牧、休牧制度。

草原承包经营者应当合理利用草原，不得超过核定的草原载畜量；采取种植和储备饲草饲料、增加饲草饲料供应量、调剂处理牲畜、优化畜群结构等措施，保持草畜平衡。

第二十五条　国家全面加强青藏高原天然林保护，严格限制采伐天然林，加强原生地带性植被保护，优化森林生态系统结构，健全重要流域防护林体系。国务院和青藏高原省级人民政府应当依法在青藏高原重要生态区、生态状况脆弱区划定公益林，实施严格管理。

青藏高原县级以上地方人民政府及其有关部门应当科学实施国土绿化，因地制宜，合理配置乔灌草植被，优先使用乡土树种草种，提升绿化质量，加强有害生物防治和森林草原火灾防范。

第二十六条　国家加强青藏高原湿地保护修复，增强湿地水源涵养、气候调节、生物多样性保护等生态功能，提升湿地固碳能力。

青藏高原县级以上地方人民政府应当加强湿地保护协调工作，采取有效措施，落实湿地面积总量管控目标的要求，优化湿地保护空间布局，强化江河源头、上中游和泥炭沼泽湿地整体保护，对生态功能严重退化的湿地进行综合整治和修复。

禁止在星宿海、扎陵湖、鄂陵湖、若尔盖等泥炭沼泽湿地开采泥炭。禁止开（围）垦、排干自然湿地等破坏湿地及其生态功能的行为。

第二十七条　青藏高原地方各级人民政府及其有关部门应当落实最严格耕地保护制度，采取有效措施提升耕地基础地力，增强耕地生态功能，保护和改善耕地生态环境；鼓励和支持农业生产经营者采取养用结合、盐碱地改良、生态循环、废弃物综合利用等方式，科学利用耕地，推广使用绿色、高效农业生产技术，严格控制化肥、农药施用，科学处置农用薄膜、农作物秸秆等农业废弃物。

第二十八条　国务院林业草原、农业农村主管部门会同国务院有关部门和青藏高原省级人民政府按照职责分工，开展野生动植物物种调查，根据调查情况提出实施保护措施的意见，完善相关名录制度，加强野生动物重要栖息地、迁徙洄游通道和野生植物原生境保护，对野牦牛、藏羚、普氏原羚、雪豹、大熊猫、高黎贡白眉长臂猿、黑颈鹤、川陕哲罗鲑、骨唇黄河鱼、黑斑原鮡、扁吻鱼、尖裸鲤和大花红景天、西藏杓兰、雪兔子等青藏高原珍贵濒危或者特有野生动植物物种实行重点保护。

国家支持开展野生动物救护繁育野化基地以及植物园、高原生物种质资源库建设，加强对青藏高原珍贵濒危或者特有野生动植物物种的救护和迁地保护。

青藏高原县级以上地方人民政府应当组织有关单位和个人积极开展野生动物致害综合防控。对野生动物造成人员伤亡，牲畜、农作物或者其他财产损失的，依法给予补偿。

第二十九条　国家加强青藏高原生物多样性保护，实施生物多样性保护重大工程，防止对生物多样性的破坏。

国务院有关部门和青藏高原地方各级人民政府应当采取有效措施，建立完善生态廊道，提升生态系统完整性和连通性。

第三十条　青藏高原县级以上地方人民政府及其林业草原主管部门，应当采取荒漠化土地封禁保护、植被保护与恢复等措施，加强荒漠生态保护与荒漠化土地综合治理。

第三十一条　青藏高原省级人民政府应当采取封禁抚育、轮封轮牧、移民搬迁等措施，实施高原山地以及农田风沙地带、河岸地带、生态防护带等重点治理工程，提升水土保持功能。

第三十二条　国务院水行政主管部门和青藏高原省级人民政府应当采取有效措施，加强对三江源、祁连山黑河流域、金沙江和岷江上游、雅鲁藏布江以及金沙江、澜沧江、怒江三江并流地区等重要江河源头区和水土流失重点预防区、治理区，人口相对密集高原河谷区的水土流失防治。

禁止在青藏高原水土流失严重、生态脆弱的区域开展可能造成水土流失的生产建设活动。确因国家发展战略和国计民生需要建设的，应当经科学论证，并依法办理审批手续，严格控制扰动范围。

第三十三条　在青藏高原设立探矿权、采矿权应当符合国土空间规划和矿产资源规划要求。依法禁止在长江、黄河、澜沧江、雅鲁藏布江、怒江等江河源头自然保护地内从事不符合生态保护管控要求的采砂、采矿活动。

在青藏高原从事矿产资源勘查、开采活动，探矿权人、采矿权人应当采用先进适用的工艺、设备和产品，选择环保、安全的勘探、开采技术和方法，避免或者减少对矿产资源和生态环境的破坏；禁止使用国家明令淘汰的工艺、设备和产品。在生态环境敏感区从事矿产资源勘查、开采活动，应当符合相关管控要求，采取避让、减缓和及时修复重建等保护措施，防止造成环境污染和生态破坏。

第三十四条　青藏高原县级以上地方人民政府应当因地制宜采取消除地质灾害隐患、土地复垦、恢复植被、防治污染等措施，加快历史遗留矿山生态修复工作，加强对在建和运行中矿山的监督管理，督促采矿权人依法履行矿山污染防治和生态修复责任。

在青藏高原开采矿产资源应当科学编制矿产资源开采方案和矿区生态修复方案。新建矿山应当严格按照绿色矿山建设标准规划设计、建设和运营管理。生产矿山应当实施绿色化升级改造，加强尾矿库运行管理，防范和化解环境和安全风险。

第四章　生态风险防控

第三十五条　国家建立健全青藏高原生态风险防控体系，采取有效措施提高自然灾害防治、气候变化应对等生态风险防控能力和水平，保障青藏高原生态安全。

第三十六条　国家加强青藏高原自然灾害调查评价和监测预警。

国务院有关部门和青藏高原县级以上地方人民政府

及其有关部门应当加强对地震、雪崩、冰崩、山洪、山体崩塌、滑坡、泥石流、冰湖溃决、冻土消融、森林草原火灾、暴雨（雪）、干旱等自然灾害的调查评价和监测预警。

在地质灾害易发区进行工程建设时，应当按照有关规定进行地质灾害危险性评估，及时采取工程治理或者搬迁避让等措施。

第三十七条 国务院有关部门和青藏高原县级以上地方人民政府应当加强自然灾害综合治理，提高地震、山洪、冰湖溃决、地质灾害等自然灾害防御工程标准，建立与青藏高原生态保护相适应的自然灾害防治工程和非工程体系。

交通、水利、电力、市政、边境口岸等基础设施工程建设、运营单位应当依法承担自然灾害防治义务，采取综合治理措施，加强工程建设、运营期间的自然灾害防治，保障人民群众生命财产安全。

第三十八条 重大工程建设可能造成生态和地质环境影响的，建设单位应当根据工程沿线生态和地质环境敏感脆弱区域状况，制定沿线生态和地质环境监测方案，开展生态和地质环境影响的全生命周期监测，包括工程开工前的本底监测、工程建设中的生态和地质环境影响监测、工程运营期的生态和地质环境变化与保护修复跟踪监测。

重大工程建设应当避让野生动物重要栖息地、迁徙洄游通道和国家重点保护野生植物的天然集中分布区；无法避让的，应当采取修建野生动物通道、迁地保护等措施，避免或者减少对自然生态系统与野生动植物的影响。

第三十九条 青藏高原县级以上地方人民政府应当加强对青藏高原种质资源的保护和管理，组织开展种质资源调查与收集，完善相关资源保护设施和数据库。

禁止在青藏高原采集或者采伐国家重点保护的天然种质资源。因科研、有害生物防治、自然灾害防治等需要采集或者采伐的，应当依法取得批准。

第四十条 国务院有关部门和青藏高原省级人民政府按照职责分工，统筹推进区域外来入侵物种防控，实行外来物种引入审批管理，强化入侵物种口岸防控，加强外来入侵物种调查、监测、预警、控制、评估、清除、生态修复等工作。

任何单位和个人未经批准，不得擅自引进、释放或者丢弃外来物种。

第四十一条 国家加强对气候变化及其综合影响的监测，建立气候变化对青藏高原生态系统、气候系统、水资源、珍贵濒危或者特有野生动植物、雪山冰川冻土和自然灾害影响的预测体系，完善生态风险报告和预警机制，强化气候变化对青藏高原影响和高原生态系统演变的评估。

青藏高原省级人民政府应当开展雪山冰川冻土消融

退化对区域生态系统影响的监测与风险评估。

第五章 保障与监督

第四十二条 国家加大对青藏高原生态保护修复的财政投入，中央财政安排专项资金用于青藏高原生态保护修复、生态风险防控等。中央预算内投资对青藏高原基础设施和基本公共服务设施建设予以倾斜。

青藏高原县级以上地方人民政府应当加大资金投入力度，重点支持青藏高原生态保护修复工程建设。

第四十三条 国家加大财政转移支付力度，通过提高转移支付系数、加计生态环保支出等方式，对青藏高原生态功能重要区域予以补偿。青藏高原省级人民政府应当将生态功能重要区域全面纳入省级对下生态保护补偿转移支付范围，促进生态保护同民生改善相结合。

国家通过开展自然资源统一确权登记，探索确定青藏高原生态产品权责归属，健全生态产品经营开发机制，鼓励青藏高原特色生态产品区域公用品牌创建，形成多元化的生态产品价值实现路径。

第四十四条 国家为青藏高原生态保护提供支持，实行有利于节水、节能、水土保持、环境保护和资源综合利用的金融、税收政策，鼓励发展绿色信贷、绿色债券、绿色保险等金融产品。

国家鼓励和支持公益组织、社会资本参与青藏高原生态保护修复工作，开展生态产品开发、产业发展、科技创新、技术服务等活动。

第四十五条 国家支持在青藏高原因地制宜建设以风电、光伏发电、水电、水风光互补发电、光热、地热等清洁能源为主体的能源体系，加强清洁能源输送通道建设，推进能源绿色低碳转型。

除保障居民用电和巩固边防需要外，禁止在青藏高原新建小水电项目。

第四十六条 在青藏高原发展生态旅游应当符合资源和生态保护要求，尊重和维护当地传统文化和习俗，保护和合理利用旅游资源。

地方各级人民政府及其有关部门应当按照国家有关规定，科学开发青藏高原生态旅游产品、设计旅游路线，合理控制游客数量和相关基础设施建设规模。

组织或者参加青藏高原旅游、山地户外运动等活动，应当遵守安全规定和文明行为规范，符合区域生态旅游、山地户外运动等管控和规范要求；禁止破坏自然景观和草原植被、猎捕和采集野生动植物。

组织或者参加青藏高原旅游、山地户外运动等活动，应当自行带走产生的垃圾或者在指定地点投放；禁止随意倾倒、抛撒生活垃圾。

第四十七条 青藏高原县级以上地方人民政府应当根据区域资源环境承载能力，统筹推进交通、水利、能源等重大基础设施建设和生活污水、垃圾收集处理等环境基础设施建设，加强城市内部以及周边毗邻地带生态保护修复，统筹规划城乡社区综合服务设施建设，加快推进基本公共服务均等化。

青藏高原地方各级人民政府应当采取有效措施，推进农村生活污水和垃圾治理，推进农村卫生厕所改造和乡村绿化，持续改善农村人居环境，塑造乡村风貌，建设生态宜居美丽乡村。

第四十八条 国务院有关部门和青藏高原县级以上地方人民政府有关部门按照职责分工，对青藏高原生态保护各类活动进行监督检查，查处违法行为，依法公开青藏高原生态保护工作相关信息，完善公众参与程序。

单位和个人有权依法举报和控告污染青藏高原环境、破坏青藏高原生态的违法行为。

第四十九条 国务院有关部门和青藏高原县级以上地方人民政府及其有关部门应当加强青藏高原生态保护监督管理能力建设，提高科技化、信息化水平，建立执法协调机制，对重大违法案件和跨行政区域、生态敏感区域的违法案件，依法开展联合执法。

第五十条 国家实行青藏高原生态保护绩效评价考核制度，将环境质量提升、生态保护成效、生态产品供给能力等纳入指标体系。

第五十一条 国家加强青藏高原生态保护司法保障建设，鼓励有关单位为青藏高原生态保护提供法律服务。

青藏高原各级行政执法机关、人民法院、人民检察院在依法查处青藏高原生态保护违法行为或者办理自然资源与生态环境损害赔偿诉讼、公益诉讼等过程中，发现存在涉嫌犯罪行为的，应当将犯罪线索移送具有侦查、调查职权的机关。

第五十二条　青藏高原县级以上地方人民政府应当定期向本级人民代表大会或者其常务委员会报告本级人民政府青藏高原生态保护工作情况。

第六章　法律责任

第五十三条　国务院有关部门和地方各级人民政府及其有关部门违反本法规定，在履行相关职责中有玩忽职守、滥用职权、徇私舞弊行为的，对直接负责的主管人员和其他直接责任人员依法给予警告、记过、记大过或者降级处分；造成严重后果的，给予撤职或者开除处分，其主要负责人应当引咎辞职。

第五十四条　违反本法规定，在青藏高原有下列行为之一的，依照有关法律法规的规定从重处罚：

（一）在国家公园内从事资源开发利用活动造成生态破坏；

（二）在星宿海、扎陵湖、鄂陵湖、若尔盖等泥炭沼泽湿地开采泥炭或者开（围）垦、排干自然湿地；

（三）在水土流失严重、生态脆弱的区域开展可能造成水土流失的生产建设活动；

（四）采集或者采伐国家重点保护的天然种质资源；

（五）擅自引进、释放或者丢弃外来物种；

（六）破坏自然景观或者草原植被；

（七）猎捕、采集国家或者地方重点保护野生动植物。

第五十五条 违反本法规定，利用、占用青藏高原河道、湖泊水域和岸线的，由县级以上人民政府水行政主管部门责令停止违法行为，限期拆除并恢复原状，处五万元以上五十万元以下罚款；逾期不拆除或者不恢复原状的，强制拆除或者代为恢复原状，所需费用由违法者承担。

第五十六条 违反本法规定，在长江、黄河、澜沧江、雅鲁藏布江、怒江等江河源头自然保护地内从事不符合生态保护管控要求的采矿活动的，由自然资源、生态环境主管部门按照职责分工，责令改正，没收违法所得和直接用于违法开采的设备、工具；违法所得十万元以上的，并处违法所得十倍以上二十倍以下罚款；违法所得不足十万元的，并处十万元以上一百万元以下罚款。

第五十七条 违反本法规定，建设单位新建小水电项目的，由县级以上地方人民政府责令停止建设，根据违法情节和危害后果，责令恢复原状，处建设项目总投资额百分之一以上百分之五以下罚款。

第五十八条 违反本法规定，在旅游、山地户外运动中随意倾倒、抛撒生活垃圾的，由环境卫生主管部门或者县级以上地方人民政府指定的部门责令改正，对个人处一百元以上五百元以下罚款，情节严重的，处五百元以上一万元以下罚款；对单位处五万元以上五十万元以下罚款。

第五十九条　污染青藏高原环境、破坏青藏高原生态造成他人损害的，侵权人应当承担侵权责任。

违反国家规定造成青藏高原生态环境损害的，国家规定的机关或者法律规定的组织有权请求侵权人承担修复责任、赔偿损失和相关费用。

第六十条　违反本法规定，构成违反治安管理行为的，依法给予治安管理处罚；构成犯罪的，依法追究刑事责任。

第七章　附　　则

第六十一条　本法第二条第二款规定的相关县级行政区域，由国务院授权的部门确定。

第六十二条　青藏高原省、自治区和设区的市、自治州可以结合本地实际，制定青藏高原生态保护具体办法。

第六十三条　本法自 2023 年 9 月 1 日起施行。

关于《中华人民共和国青藏高原生态保护法（草案）》的说明

——2022 年 8 月 30 日在第十三届全国人民代表大会常务委员会第三十六次会议上

全国人大环境与资源保护委员会主任委员　高虎城

委员长、各位副委员长、秘书长、各位委员：

我受全国人大环境与资源保护委员会委托，就《中华人民共和国青藏高原生态保护法（草案）》作如下说明。

一、立法的必要性

党的十八大以来，习近平总书记多次就青藏高原生态保护发表重要讲话、作出重要指示。2021 年 10 月，党中央印发《青藏高原生态环境保护和可持续发展方案》，提出建立青藏高原生态环境保护制度体系。十三届全国人大成立以来，一些全国人大代表提出议案，呼吁立法加强高原生态环境保护，为高原地区经济社会可持续发展提供法治支撑。贯彻落实习近平总书记的重要指示批示精神和党中央决策部署，积极回应社会关切，制定青藏高原生态保护法十分必要。

一是保护中华民族永续发展的生态根基的重要举措。青藏高原是世界上最高的高原，是全球气候变化的关键区、敏感区，是世界山地冰川最发育的地区和亚洲多条重要江河的源头区，也是全球气候变化和高原生态研究的热点地区。青藏高原的生态系统质量与功能状况直接影响到我国的生态安全、生物多样性、水资源供应、气候系统稳定和碳收支平衡，在我国乃至世界生态安全中具有独特而不可替代的作用。制定青藏高原生态保护法，依法保护好青藏高原自然生态系统，关乎国家长远、涉及子孙后代。

二是保障国家生态安全、加强生态风险防范的客观要求。青藏高原自然生态系统先天脆弱敏感，自我维持和恢复能力差，受气候变化和人为活动影响，青藏高原生态环境面临诸多问题和挑战。草地退化仍较严重，冰川退化风险加剧，水土流失和土地荒漠化沙化危害较大，生物多样性面临威胁，极端气候增多，气候风险及其引发的冰崩、冰湖溃决、冰川跃动和冰川泥石流等次生灾害风险增加。应对上述青藏高原生态环境变化和生态风险，需要从国家立法层面加强青藏高原系统保护和生态安全风险防范，优化生态安全屏障体系，依法守住国家生态安全边界。

三是对青藏高原生态环境进行系统保护、协同保护、特殊保护的实际需要。制定青藏高原生态保护法，加强青藏高原生态保护治理体系顶层设计，对这一特定地理区域的生态保护采取特别的制度措施，统筹推进山水林田湖草沙冰一体化保护和系统修复，有利于加强制度设计的系统性与协调性，更好发挥立法的引领、推动和保障作用，依法解决青藏高原地区在资源环境承载能力、灾害风险防范、绿色发展途径等方面存在的问题，统筹生态保护和经济社会可持续发展，促进人与自然和谐共生。

二、起草过程和主要考虑

全国人大常委会高度重视这项立法工作，于 2021 年组织开展了青藏高原生态保护调研和立法论证，共提出 8 份调研和评估报告，将制定青藏高原生态保护法列入全国人大常委会 2022 年度立法工作计划。栗战书委员长主持召开青藏高原生态保护立法座谈会听取国务院相关部门、青藏高原六省（自治区）和有关专家的意见建议，提出明确要求，率队到西藏开展立法调研，实地考察特殊地域生态现状，召开座谈会听取地方政府、人大代表、专家学者及一线工作人员的意见和建议。成立由沈跃跃副委员长和丁仲礼副委员长牵头，全国人大环资委和有关专门委员会、工作委员会，以及中央和国务院有关部门、有关地方和科研机构共同参加的工作专班和法律起草小组，在前期立法研究论证工作的基础上，抓紧开展法律起草工作。一是深入学习领会习近平生态文明思想和习近平总书记关于青藏高原生态保护的重要讲话精神，系统梳理党中央发布的文件、政策和现行法律法规，充分借鉴《西藏自治区国家生态文明高地建设条例》《青海省生态文明建设促进条例》等地方立法的成功经验。二是广泛听取意见，多次召开座谈会听取中央有关部门、专家学者和人大代表的意见和建议，赴青海、西藏、四川开展调研，对青藏高原生态保护立法的必要性、可行性和主要内容等进行研究论证。三是加强与中央有关部门、有关地方人大沟通协调，对立法中的重点问题进行深入研究，凝聚立法共识。在此基础上，经反复研究修改，并征求中央和国家机关有关部门、有关科研机构和青藏高原六省（自治区）人大常委会意见，形成《中华人民共和国青藏高原生态保护法（草案）》（以下简称草案）。2022 年 5 月 31 日，全国人大环资委召开第三十七次全体会议，审议通过了草案。

起草工作中着重把握以下几点：一是及时将习近平总书记关于青藏高原生态保护的重要指示批示精神和党中央关于青藏高原生态保护的决策部署充分体现到法律

的宗旨、原则规定和制度中。习近平总书记关于青藏高原生态保护的重要讲话和指示批示精神具有重大指导意义，是制定青藏高原生态保护法的根本遵循。党中央关于青藏高原生态环境保护和可持续发展的决策部署是经统筹考虑、科学谋划后制定的，是制定青藏高原生态保护法、对青藏高原生态保护作出具体制度安排的重要依据。二是准确把握立法定位，突出重点内容。立足建设国家生态文明高地，聚焦青藏高原生态保护面临的主要问题，坚持生态保护第一，突出生态安全屏障建设和生态保护修复，江河源头重点保护与流域、区域保护相结合，统筹推进山水林田湖草沙冰的综合治理、系统治理、源头治理，强化生态风险防控，积极应对和适应气候变化，坚持绿色发展，为青藏高原生态保护和可持续发展提供法治保障。三是做好与其他法律的衔接。针对青藏高原特定的、突出的问题制定有针对性的措施，系统构建青藏高原生态保护法律制度体系。与环境保护法、森林法、草原法、水法、水土保持法、水污染防治法、土壤污染防治法、野生动物保护法、生物安全法等污染防治、资源利用与保护方面的法律规定尽量不重复，确有必要的，作出衔接性规定。

三、草案的主要内容

草案分为七章，包括总则、生态安全格局、生态保护修复、生态风险防控、保障与监督、法律责任、附则，共六十四条。主要内容如下：

（一）明确法律适用范围。我国青藏高原涉及西藏、青海、新疆、四川、甘肃、云南六省（自治区）的有关县（市、区），总面积约 258 万平方公里。综合考虑青藏高原生态系统完整性、法律可操作性等因素，对法律适用范围，草案规定，从事或涉及青藏高原生态保护相关活动，应当遵守本法；本法所称青藏高原，是指西藏自治区、青海省全域以及青藏高原区域涉及的新疆维吾尔自治区、四川省、甘肃省、云南省的相关县级行政区域，具体范围由国务院授权的部门确定。

（二）确立青藏高原生态保护的基本原则。紧扣青藏高原生态保护这一主线，把生态保护作为区域发展的基本前提和刚性约束，草案明确青藏高原生态保护应当尊重自然、顺应自然、保护自然；坚持生态保护第一，守住自然生态安全边界；坚持自然恢复为主，山水林田湖草沙冰一体化保护修复；坚持生态优先、绿色发展、统筹协调、分类施策、科学防控、系统治理。

（三）健全管理体制。落实中央统筹、省负总责、市县落实的工作机制要求，草案规定，国家建立青藏高原生态保护协调机制，统筹指导、综合协调青藏高原生态保护工作；国务院有关部门按照职责分工负责青藏高原生态保护相关工作；青藏高原地方各级人民政府应当落实本行政区域的生态保护修复、生态风险防控、优化产业结构和布局、维护青藏高原生态安全的责任，根据需要在地方性法规和地方政府规章制定、规划编制、监督执法等方面加强协作，协同推进青藏高原生态保护修复和生态风险防控。

（四）构建生态安全格局。围绕构建青藏高原生态安全格局，优化生态安全屏障体系，草案规定了青藏高原国土空间利用和国土空间用途管制、生态环境分区管控方案和生态环境准入清单、自然保护地体系建设、资源开发准入等制度措施。

（五）加强生态保护修复。围绕全面保护和有效修复青藏高原高寒生态系统，提高生态系统质量和稳定性，增强生态产品供给能力和生态系统服务功能，草案对河流、湖泊、草原、森林、湿地等生态系统要素的保护作出规定，加强对三江源等核心区域重点保护，加强对青藏高原珍贵、濒危和区域特有野生动植物物种的保护，规定了耕地保护、荒漠化和水土流失防治、绿色矿山建设等制度措施。

（六）强化生态风险防控。针对气候变化与人类活动影响带来的生态风险，构建高效的应对、适应气候变化和防灾减灾体系，草案规定了气候变化监测预警和评估、自然灾害调查评价和监测预警、重要冰川雪山封禁和冻土保护、重大工程生态影响监测、种质资源保护和管理、防控外来物种入侵等制度措施。

（七）完善保障和监督。加强青藏高原生态保护的政策支持和保障，草案明确了财政、税收、金融、生态保护补偿等支持政策，鼓励和支持社会资本参与青藏高原生态保护修复工作，规定了绩效评价考核、执法监督、司法保障和人大监督等制度措施。

此外，草案对违反本法规定的行为设定了相应的法律责任，并做好与相关法律、法规的衔接。

草案及以上说明是否妥当，请审议。

全国人民代表大会宪法和法律委员会关于《中华人民共和国青藏高原生态保护法（草案）》修改情况的汇报

全国人民代表大会常务委员会：

常委会第三十六次会议对青藏高原生态保护法草案进行了初次审议。会后，法制工作委员会将草案印发部分全国人大代表、中央有关部门和单位、青藏高原相关地方人大和基层立法联系点征求意见；在中国人大网全文公布草案，征求社会公众意见。宪法和法律委员会、环境与资源保护委员会、法制工作委员会召开座谈会，听取部分全国人大代表、中央有关部门和单位、相关企业和专家意见。法制工作委员会召开专家座谈会，就相关问题听取意见，并就草案中的主要问题与有关方面交换意见，共同研究。宪法和法律委员会于 11 月 30 日召开会议，根据常委会组成人员审议意见和各方面的意见，对草案进行了逐条审议。环境与资源保护委员会、司法部有关负责同志列席了会议。现将青藏高原生态保护法草案主要问题修改情况汇报如下：

一、有的常委委员、地方和专家建议进一步推进生态安全系统建设。宪法和法律委员会经研究，建议作以下修改：一是贯彻党的二十大精神，增加规定提升生态系统多样性、持续性。二是增加规定按照生态保护红线、环境质量底线、资源利用上线的要求，从严制定生态环境分区管控方案和生态环境准入清单。

二、有的常委会组成人员、部门、地方、企业、专家和社会公众建议加强生态保护修复，完善生物多样性保护措施。宪法和法律委员会经研究，建议作以下修改：一是加强野生动物迁徙洄游通道保护。二是明确对野生动物造成牲畜损失的，依法给予补偿。三是增加规定国家加强青藏高原生物多样性保护，实施生物多样性保护重大工程，防止对生物多样性的破坏；国务院有关部门和青藏高原地方各级人民政府应当采取有效措施，建立完善生态廊道，提升生态系统完整性和连通性。

三、有的常委会组成人员、部门、地方、专家和社会公众建议加强青藏高原生态风险防控。宪法和法律委员会经研究，建议规定：国家建立健全青藏高原生态风险防控体系，采取有效措施提高气候变化应对、自然灾害防治等生态风险防控能力和水平，保障青藏高原生态安全。

四、有的常委会组成人员、专家和社会公众建议强化青藏高原生态保护科技支撑，加强科学普及。宪法和法律委员会经研究，建议增加规定：一是国家充分运用青藏高原科学考察与研究成果，促进科技成果转化，发挥科技在青藏高原生态保护中的支撑作用。二是加强青藏高原生态保护科学普及。

五、有的常委会组成人员、部门、地方、专家和社会公众建议加强信息公开和公众参与，完善保障与监督措施。宪法和法律委员会经研究，建议作以下修改：一是增加规定对在青藏高原生态保护工作中做出突出贡献的单位和个人，按照国家有关规定予以表彰和奖励。二是增加规定组织或者参加青藏高原旅游活动，应当自行带走旅游产生的垃圾或者在指定地点投放。三是增加规定国务院有关部门和青藏高原县级以上地方人民政府有关部门按照职责分工，对青藏高原生态保护各类活动进行监督检查，查处违法行为，依法公开青藏高原生态保护工作相关信息，完善公众参与程序；单位和个人有权依法举报和控告污染青藏高原环境、破坏青藏高原生态的违法行为。四是要求加强青藏高原生态保护监督管理能力建设，建立执法协调机制。

此外，还对草案作了一些文字修改。

草案二次审议稿已按上述意见作了修改，宪法和法律委员会建议提请本次常委会会议继续审议。

草案二次审议稿和以上汇报是否妥当，请审议。

全国人民代表大会宪法和法律委员会

2022年12月27日

全国人民代表大会宪法和法律委员会关于《中华人民共和国青藏高原生态保护法(草案)》审议结果的报告

全国人民代表大会常务委员会：

党的十八大以来，习近平总书记多次就青藏高原生态保护发表重要讲话、作出重要指示批示。2021 年 10 月，党中央印发《青藏高原生态环境保护和可持续发展方案》，提出建立青藏高原生态环境保护制度体系。为了贯彻落实习近平总书记的重要讲话、指示批示精神和党中央决策部署，加强青藏高原生态保护，实现人与自然和谐共生，十三届全国人大环境与资源保护委员会牵头组织起草了青藏高原生态保护法（草案）。全国人大常委会党组就青藏高原生态保护法草案向党中央作出请示，习近平总书记主持召开中央政治局常委会会议审议并原则同意常委会党组的请示。2022 年 8 月、12 月，十三届全国人大常委会第三十六次、第三十八次会议分别对草案进行了初次审议、二次审议。这期间，全国人大宪法和法律委员会、常委会法制工作委员会通过多种形式广泛征求意见，将草案印发部分全国人大代表、中央有关部门和单位、青藏高原相关地方人大和基层立法联系点征求意见，在中国人大网两次全文公布草案公开征求社会公众意见，多次召开座谈会听取部分全国人大代表、中央有关部门和单位、青藏高原相关市州和基层立法联系点、相关企业和专家等的意见，到青藏高原有关地方调研，并就草案中的主要问题与有关方面交换意见、共同研究。

在立法过程中，注重把握以下几方面：一是将习近平总书记关于青藏高原生态保护的重要讲话、指示批示精神和党的二十大精神、党中央关于青藏高原生态保护的决策部署充分体现到法律的宗旨、原则规定和制度中。二是准确把握立法定位，突出针对性要求。坚持生态保护第一，聚焦青藏高原生态保护的主要矛盾、特殊问题、突出特点，统筹推进山水林田湖草沙冰综合治理、系统治理、源头治理，为青藏高原生态保护和可持续发展提供法治保障。三是做好与其他法律的衔接。系统构建青藏高原生态保护法律制度体系，与环境保护法、森林法、草原法、水法、水土保持法、湿地保护法、水污染防治法、土壤污染防治法、固体废物污染环境防治法、野生动物保护法、生物安全法、长江保护法、黄河保护法等法律规定相协调，尽量不重复，确有必要的，作出衔接性规定。

经二次审议，草案主要内容包括：一是明确适用范围。从事或者涉及青藏高原生态保护相关活动，适用本法；本法所称青藏高原，是指西藏自治区、青海省的全部行政区域和新疆维吾尔自治区、四川省、甘肃省、云南省的相关县级行政区域，具体范围由国务院授权的部门确定。二是确立基本原则。青藏高原生态保护应当尊重自然、顺应自然、保护自然；坚持生态保护第一，自然恢复为主，守住自然生态安全边界；坚持统筹协调、分类施策、科学防控、系统治理。三是健全管理体制。国家建立青藏高原生态保护协调机制，明确国务院有关部门工作职责和青藏高原地方各级人民政府相关责任，要求相关地方协同推进青藏高原生态保护。四是统筹生态安全布局。优化生态安全屏障体系建设，提升生态系统质量和多样性、稳定性、持续性，明确按照生态保护红线、环境质量底线、资源利用上线的要求，从严制定生态环境分区管控方案和生态环境准入清单，规定了青藏高原国土空间利用和国土空间用途管制、自然保护地体系建设等制度措施。五是加强生态保护修复。对生态系统要素保护修复和生物多样性保护作出规定，加强三江源等核心区域重点保护，强化青藏高原珍贵濒危或者特有野生动植物物种保护，规定了建立完善生态廊道、水土流失防治、绿色矿山建设等制度措施。六是强化生态风险防控。建立健全青藏高原生态风险防控体系，规定了气候变化监测预警和评估、自然灾害调查评价和监测预警、重大工程生态影响监测、种质资源保护和管理、外来入侵物种防控等制度措施。七是完善保障和监督。明确财政、金融、税收、生态保护补偿等支持政策，规定了公众参与、科技支撑、表彰奖励、绩效评价考核、执法协调监督、司法保障、人大监督等制度措施。八是对违反本法规定行为的法律责任等作出规定。

宪法和法律委员会于4月13日召开会议，根据常委会组成人员审议意见和各方面意见，对草案进行了逐条审议。环境与资源保护委员会、司法部有关负责同志列席了会议。4月17日，宪法和法律委员会召开会议，再次进行了审议。宪法和法律委员会认为，为了加强青藏高原生态保护，建设国家生态文明高地，实现人与自然和谐共生，制定青藏高原生态保护法是必要的，草案经过两次审议修改，已经比较成熟。同时，提出以下主要修改意见：

一、有的常委会组成人员、部门、地方、专家和社会公众建议加强青藏高原生态保护修复和生态风险防控，突出雪山冰川冻土等的特殊性保护要求。宪法和法律委员会经研究，建议作以下修改：一是增加规定建立健全青藏高原雪山冰川冻土保护制度，对重要雪山冰川采取有效措施，严格控制人为扰动。二是增加规定开展雪山冰川冻土与周边生态系统的协同保护，维持有利于雪山冰川冻土保护的自然生态环境。三是增加规定完善河湖长制。四是要求提升绿化质量，加强有害生物防治和森林草原火灾防范。五是增加规定加强对雪崩的调查评价和监测预警。

二、有的常委会组成人员、部门、地方、专家和社会公众建议推进青藏高原生态保护监测，加强信息共享。宪法和法律委员会经研究，建议作以下修改：一是增加规定推进综合监测、协同监测和常态化监测。二是要求调查、评价和监测信息按照国家有关规定共享。

三、有的常委委员、部门、地方、专家和社会公众建议强化青藏高原科学考察与研究，突出长期性要求。宪法和法律委员会经研究，建议增加规定：一是加强生态系统碳汇研究。二是推动长期研究工作。三是掌握青藏高原生态本底及其变化。

四、有的常委委员、部门、地方、专家和社会公众建议对“生态安全格局”章名作出调整，以更好体现本章内容精神，增加国家重点生态功能区，加强产业项目准入退出管理。宪法和法律委员会经研究，建议作以下修改：一是将章名修改为“生态安全布局”。二是在国家重点生态功能区中增加列举“珠穆朗玛峰生物多样性保护与水源涵养生态功能区”。三是要求有关产业项目严格执行自然资源开发、产业准入及退出规定。

五、有的常委会组成人员、部门、地方、专家和社会公众建议加大对违法行为的处罚力度，进一步做好与固体废物污染环境防治法、野生动物保护法等法律的衔接。宪法和法律委员会经研究，建议作以下修改：一是对在青藏高原采集或者采伐国家重点保护的天然种质资源、破坏自然景观的行为依照有关法律法规的规定从重处罚。二是在旅游、山地户外运动中随意倾倒、抛撒生活垃圾的，由环境卫生主管部门或者地方人民政府指定的部门责令改正，对个人处一百元以上五百元以下罚款，情节严重的，处五百元以上一万元以下罚款；对单位处五万元以上五十万元以下罚款。

此外，还对草案二次审议稿作了一些文字修改。

4 月 10 日，法制工作委员会召开会议，邀请全国人大代表、地方政府有关部门、专家等就草案中主要制度规范的可行性、出台时机、实施的社会效果和可能出现的问题等进行评估。与会人员一致认为，草案贯彻体现习近平生态文明思想，坚持问题导向，结构合理、内容科学、措施有力，具有针对性、操作性、前瞻性，制度规范可行。草案经过多次修改完善，充分吸收了各方面意见，已经比较成熟，尽快出台青藏高原生态保护法正当其时，将产生良好的社会效果。与会人员还对草案提出了一些具体修改意见，宪法和法律委员会进行了认真研究，对有的意见予以采纳。

草案三次审议稿已按上述意见作了修改，宪法和法律委员会建议提请本次常委会会议审议通过。

草案三次审议稿和以上报告是否妥当，请审议。

全国人民代表大会宪法和法律委员会

2023 年 4 月 24 日

全国人民代表大会宪法和法律委员会关于《中华人民共和国青藏高原生态保护法（草案三次审议稿）》修改意见的报告

全国人民代表大会常务委员会：

本次常委会会议于4月24日下午对青藏高原生态保护法草案三次审议稿进行了分组审议。普遍认为，草案贯彻落实习近平总书记关于青藏高原生态保护的重要讲话、指示批示精神和党的二十大精神、党中央关于青藏高原生态保护的决策部署，吸收各方面意见，已经比较成熟，建议进一步修改后，提请本次常委会会议表决通过。同时，有些常委会组成人员和列席人员还提出了一些修改意见和建议。宪法和法律委员会于4月24日晚召开会议，逐条研究了常委会组成人员和列席人员的审议意见，对草案进行了审议。环境与资源保护委员会、司法部有关负责同志列席了会议。宪法和法律委员会认为，草案是可行的，同时，提出以下修改意见：

一、有的常委委员和列席人员建议进一步提高生态保护修复的科学性，加强规划论证评估。宪法和法律委员会经研究，建议增加规定：编制青藏高原生态保护修复等相关专项规划，应当进行科学论证评估。

二、有的常委委员建议通过建立完善名录制度，加强青藏高原野生动植物保护。宪法和法律委员会经研究，建议采纳这一意见。

三、有的常委委员建议进一步发挥公益组织在青藏高原生态保护中的作用。宪法和法律委员会经研究，建议增加规定：鼓励和支持公益组织参与青藏高原生态保护修复工作。

四、有的常委委员建议进一步完善法律责任的规定：一是增加对破坏草原植被行为的处罚，以与有关禁止性规定相一致。二是明确违法利用、占用青藏高原河道、湖泊水域和岸线，逾期不拆除或者不恢复原状的，强制拆除或者代为恢复原状，所需费用由违法者承担。宪法和法律委员会经研究，建议采纳这一意见。

在常委会审议中，有的常委会组成人员和列席人员还建议加快出台配套规定，加强法律宣传普及，加大监督管理力度，跟踪评估法律实施情况等。宪法和法律委员会建议国务院及其有关部门、有关地方尽快制定配套规定，扎实做好法律宣传，切实抓好法律贯彻实施，推动法律规定的各项制度落实，共同做好青藏高原生态保护工作。

经与有关方面研究，建议将本法的施行时间确定为 2023 年 9 月 1 日。

此外，根据常委会组成人员的审议意见，还对草案三次审议稿作了一些文字修改。

草案修改稿已按上述意见作了修改，宪法和法律委员会建议本次常委会会议审议通过。

草案修改稿和以上报告是否妥当，请审议。

全国人民代表大会宪法和法律委员会

2023 年 4 月 25 日